Panique au poney-club

À Joëlle,
avec qui j'espère partager d'autres aventures.
M.M.

www.editions.flammarion.com

Dépôt légal : mai 2003 – N° d'édition : 2027
ISBN : 2-08162027-8 – Loi n°49-956 du 16 juillet 1949
sur les publications destinées à la jeunesse.

MIREILLE **MIREJ** ILLUSTRATIONS DE BRUNO **PILORGET**

Panique au poney-club

CASTOR POCHE

1

Vite fait, bien fait

Tous les jours, mon plus grand plaisir est d'aller à la ferme voisine de notre maison, que Liane et son frère Hugo sont en train de transformer en poney-club.

Et, quand je ne suis pas aux écuries, je surveille ce qui s'y passe, de la fenêtre de ma chambre. Je ne peux pas vivre sans les poneys !

— Clara, me dis-je soudain ! On est mercredi. Débarrasse-toi donc de tes devoirs ! Le soleil de mai est trop beau pour rester à l'intérieur.

Assise à mon petit bureau, je lève souvent le nez vers le pré ensoleillé où broute le troupeau.
J'aperçois Réglisse-Menthe, le vieux Pottok, Apache et Sable d'Or, les doubles poneys, Carton, Crevette, Java et Pomme d'Api, les Shetland.
Seuls Jade et son poulain sont au box. Okelamour a cinq jours. Je l'ai vu deux heures après sa naissance. Il a déjà changé. Maintenant, il tient bien sur ses jambes et exécute même de mini cabrioles autour de sa mère.
Il porte un nom rigolo que nous avons choisi tous ensemble : Liane, Hugo, Hermeline, ma mère, qui est conteuse, Jacques, mon père, qui est potier, Lise, ma demi-sœur que je déteste, et moi*.

Tiens ! Aujourd'hui, Hugo a abandonné ses travaux de maçonnerie dans la grange. Le voici qui plante des piquets au milieu du pré.
Vite, il faut que je me dépêche de terminer cet exercice de maths pour aller le rejoindre. Il a certainement besoin de moi…
Dès que je pousse le grand portail, la meute des

* Voir *La naissance du poulain*

chiens accourt à ma rencontre. Tous sont là, sauf Papattes, le teckel minuscule. Celui-là, quand il ne dort pas dans la cuisine, on le trouve couché entre les pieds de Réglisse-Menthe, son grand copain.

Liane est en train de repeindre les portes de l'écurie. Elle s'est barbouillé le nez et le front de peinture verte.

— Bonjour Liane ! Tu as changé de métier ? Je croyais que tu étais monitrice d'équitation.

— Bonjour Clara. La monitrice n'a pas beaucoup d'élèves, pour le moment. Si je n'aide pas Hugo à remettre la ferme en état, on n'est pas près d'ouvrir.

— Justement, je l'ai vu dans le pré. Que fait-il ?

— Il construit un enclos pour pouvoir lâcher Jade et le poulain.

— Nous allons sortir Okelamour ?

— Oui ! La météo annonce plusieurs belles journées. Autant en profiter. Veux-tu aller l'aider ? Ce sera plus vite terminé.

J'avais bien raison de me dépêcher. C'est bon de se sentir indispensable !

Hugo vient juste de finir l'installation des piquets. Ensemble, nous glissons les lices blanches de la clôture électrique dans les attaches en plastique.
Pendant que nous travaillons, les poneys nous entourent, curieux. Parfois, je suis même obligée de les repousser, surtout Sable d'Or.
Lui, c'est un grand poulain de deux ans. Il a l'apparence d'un double poney adulte, mais on ne peut pas encore le monter. Il est farouche avec tout le monde, sauf avec moi. Il m'a accordé sa confiance et je l'adore.

À l'heure du déjeuner, il ne reste plus qu'à brancher l'ensemble. Hugo se frotte les mains :
— C'est quand même génial, ces clôtures. S'il avait fallu sceller des poteaux en bois ou des barrières en béton, jamais nous n'aurions terminé en une matinée.
— Tu es sûr que les poneys vont respecter ces petites ficelles de rien du tout ?

— Certain ! Il suffit qu'ils touchent une seule fois le fil et c'est une affaire réglée. Une petite châtaigne, c'est très efficace. Voudras-tu essayer ?
— Qu'est-ce que c'est une châtaigne ?
— Une décharge électrique.
— Quelle horreur !
— C'est très léger, rassure-toi ; comme un picotement désagréable. Mais les animaux détestent ça parce qu'ils ne comprennent pas ce que c'est. Nous, les humains, on peut analyser, expliquer... Allez, rentre déjeuner chez toi et reviens vers deux heures !
— Bon appétit, Hugo.
— Merci ma belle, et merci aussi pour le coup de main !

En repassant devant l'écurie, je ne résiste pas à l'envie de rendre visite au poulain que je ne suis pas encore allé câliner. Depuis sa naissance, c'est bien la première fois qu'il n'est pas ma priorité.
Je me faufile dans le box en parlant d'une voix douce. Je reste vigilante, car Jade protège son petit. À coups de dents ou de pieds, elle serait capable

d'attaquer n'importe quel ennemi.

— Il est vraiment superbe, dit Liane qui m'a rejointe.

— Il est trop beau, tu veux dire. Mais c'est drôle, on a l'impression qu'il a la croupe plus haute que les épaules.

— C'est vrai… Un petit peu. Les poulains grandissent en diagonale. Tu verras : un coup, ils prennent des centimètres à l'arrière et, la fois d'après, c'est le devant qui pousse.

— Je voudrais qu'il reste toujours bébé.

— Achète-toi un poulain en peluche, alors, parce qu'un jouet, cela ne grandit pas !

— Je vais faire plein de photos et je me servirai de mon argent de poche pour les tirer en posters. Comme ça, Okelamour sera partout dans ma chambre.

— N'oublie pas que deux ponettes sont sur le point de mettre bas. Tu finiras par avoir une indigestion de poulains !

— Ça m'étonnerait…

2

Pitreries

Lorsque je reviens aux écuries, Liane sort juste de la cuisine.

— J'ai enfermé les chiens, dit-elle. Interdiction absolue de les libérer !

J'entends des gémissements et des pattes qui grattent la porte. Soudain, celle-ci s'ouvre en grand et la meute se précipite dans la cour.

— Raté ! s'exclame Hugo. Tu as oublié qu'aucune porte ne résiste à Poilu.

Le corniaud de la bande, qui ressemble à un paillasson tant il est hirsute, danse de joie devant Liane.

— Tu m'embêtes, mon vieux, râle celle-ci. Je ne veux pas de chiens dans la cour, le temps de sortir le poulain. Que vais-je faire de cette bande de fous ?

— Bloque-les dans un box, conseille Hugo. Ça devrait aller…

— Clara, s'il te plaît, va chercher un licol et mets-le à Jade, pendant qu'on se dépatouille avec la meute.

Je file à la sellerie et attrape, au passage, un bout de carotte dans la graineterie. Je sais qu'une friandise calmera Jade et me permettra de l'attacher.

Okelamour est presque jaloux que je m'occupe de sa mère et non de lui, il coince le bas de ma manche entre ses lèvres et tire vers lui. Je me défends en riant. Pour un bébé, il a déjà de la force !

— Attention ! Il ne faut pas le laisser mordiller, explique Hugo. Sinon, l'habitude lui restera et,

quand il aura de longues dents et une grande mâchoire puissante, tu le regretteras...
— On a du mal à imaginer le poulain avec une bouche d'ogre, remarque Liane. Toutefois, Hugo a raison, les bonnes manières doivent être apprises dès le début. Voici une longe. Quelqu'un aurait-il envie de conduire la ponette à l'enclos, par hasard ?
— Moi, bien sûr, dis-je. On n'attache pas le poulain ?
— Il est trop jeune, répond Hugo. Vas-y, Clara. Je vous attends dehors pour prendre une photo : la première sortie d'Okelamour, c'est un événement.
Liane ouvre la porte du box et j'entraîne Jade. Le poulain suit sa mère par petits bonds, sur ses sabots qui paraissent en caoutchouc.
Du fond de l'écurie, les chiens, calmes jusque-là, déclenchent un véritable concert d'aboiements. Le poulain bloque ses pieds et penche la tête de côté. Il roule des yeux blancs, comme s'il était mort de peur. Pourtant, il a déjà dû les entendre aboyer, les chiens, quand il était bien au chaud dans le ventre

de sa mère.
— Avance doucement pour qu'il rattrape Jade sans s'affoler, conseille Liane. Je ne voudrais pas qu'il nous fasse un démarrage en trombe et qu'il glisse sur les pavés.

Nous voici enfin sur le seuil de l'écurie. Au moment où il découvre le monde extérieur, Okelamour se glisse entre sa mère et moi. Le soleil lui fait cligner les yeux. Il s'arrête et semble prendre la pose, tête inclinée.
Je m'écarte un peu, afin de faciliter le travail du photographe. Okelamour ne reste pas longtemps immobile. Soudain, apercevant des poneys au loin, il oublie sa mère et part au petit trot dans leur direction.
Jade hennit et tire sur la longe pour le rejoindre.
— Du calme, dit Liane. Ma jolie, il va falloir te faire une raison, ton bébé n'est pas un timide, c'est le moins qu'on puisse dire.
Arrivé à la barrière du pré, le poulain s'aperçoit soudain qu'il est seul. Il se tourne vers nous et

pousse un petit hennissement aigu. Cela ne signifie pas : « Maman, j'ai peur », mais plutôt « Alors, tu te dépêches ! »
Puis il se met à danser : trois pas à gauche et deux à droite, une cabriole... Nous éclatons de rire.

— On aurait dû l'appeler Clown, commente Hugo en le mitraillant.
Jade donne de grands coups de tête pour m'obliger à rejoindre le poulain.
— Non, lui dis-je. C'est lui qui suivra. Votre pré à vous n'est pas là. Viens, c'est à droite. Une toute nouvelle maison pour le bébé et toi.

À l'entrée du parc, nous devons encore attendre que monsieur Okelamour daigne nous rejoindre. Quand il se décide enfin, Liane referme la clôture derrière nous. J'en profite pour lâcher Jade.
Aussitôt, elle fonce vers lui et plaque les oreilles en arrière tout en montrant un peu les dents.
— Regardez, dit Hugo. Elle est en train de lui passer un savon !
— Oui, mais il s'en moque, constate Liane. Pauvre Jade, il va te donner du fil à retordre, ton petit !

Okelamour galope à toute vitesse autour de sa mère, en envoyant des ruades dans tous les sens.
— Il va finir par s'étaler, dit Liane un peu crispée.

Il est déchaîné. Pourvu qu'il ne se blesse pas !
— Ne t'inquiète pas, la rassure Hugo. Le tapis d'herbe est moelleux. Comment crois-tu que cela se passe dans la nature ?
— Dans la nature ? demande Liane. Il y aurait un étalon bien sévère pour le calmer, cet ostrogoth ! Jade n'est pas assez autoritaire.

3

Le spectacle est fini

Au bout d'un moment, le poulain bloque des quatre sabots et baisse la tête pour goûter une touffe d'herbe. Mais son encolure est trop courte. Il a beau écarter les antérieurs, rien à faire ! C'est trop bas. Ça le met en colère et il repart au galop.

À cet instant précis, deux chiens font irruption dans la cour : Poilu et Papattes.

— Mais, ce n'est pas vrai ! s'exclame Liane. D'où viennent-ils ces deux-là ?

— Papattes arrive tout droit de la cuisine que nous

n'avons pas pensé à refermer, soupire Hugo, et Poilu a dû grimper le long du mur de l'écurie puis passer par les barreaux.

— Couché ! hurle Liane. Ici, Poilu, Papattes !

Rien n'y fait. Les chiens se glissent sous le fil blanc et courent vers le poulain en aboyant.

Okelamour accélère son galop et fonce, en ligne droite cette fois.

— Non, ce n'est pas possible ! geint Liane. Il va s'enrouler dans la clôture.

Hugo la prend par les épaules.

— Hé sœurette ! Du calme. Que fais-tu de son instinct ? Oooh ! Si tu paniques pour si peu de choses, on n'aura plus de poulain.

— Très drôle, dit Liane. Pomme d'Api et Java, tu les vends avant le poulinage ?

— Regarde-le ! reprend Hugo. C'est du cinéma, rien de plus. Il n'a même pas peur d'eux.

À deux mètres à peine de la lice, Okelamour vient de faire volte-face. Il tient tête aux chiens. Poilu s'arrête net. Il sait qu'il n'a pas le droit de toucher aux poneys.

Quant à Papattes, il semble se dire soudain qu'il ne devrait pas se mêler de ce qui ne le regarde pas. Un peu essoufflé, il se dirige vers le troupeau qui demeure moins dangereux que cet énergumène monté sur ressorts.

Le poulain regarde autour de lui. Il paraît très calme, maintenant. Comme si Poilu n'existait plus, il se tourne vers la gauche. Dans le pré du fond, Bug's et Bunny, les chevaux, se sont arrêtés de paître. Leur présence n'intéresse pas le poulain. Ils sont trop loin.
Puis il pivote vers la droite où les poneys sont alignés comme à la parade. Cela fait déjà un moment que le troupeau s'est rapproché de la clôture pour admirer le spectacle.
Okelamour les salue d'un hennissement bref, puis il revient au pas vers sa mère. Il plonge son nez entre ses jambes et se met à téter, comme si de rien n'était.
— Ouf ! souffle Liane. On l'a échappé belle.
— Oui, ajoute Hugo, la crise est finie.

— Il est incroyable, celui-là ! dis-je. C'est toujours comme ça les premières sorties des poulains ?

— Ah ça, non ! répond Liane. Heureusement ! Je finirais par avoir des problèmes cardiaques. Pouh !

— Poilu est en train de se demander s'il va se faire gronder parce qu'il est sorti sans permission ou parce qu'il n'a pas réussi à dresser le sauvage, remarque Hugo.

En entendant prononcer son nom, le chien courbe le dos et file sur le côté de l'enclos. Mais il ne s'est pas baissé suffisamment et frôle la clôture. Il jappe de douleur.

— Te voici puni, vilain fugueur, constate Liane. J'espère que tu ne recommenceras pas.

Je me dirige alors vers le troupeau. Le vieux Pottok n'est pas avec les autres. Je l'aperçois plus loin.

— Hé ! Vous avez vu ? Réglisse-Menthe a un air bizarre.

— Tu as raison, dit Liane. Allons voir.

Le vieux poney est couché dans une drôle d'attitude, les postérieurs repliés sous lui et les deux antérieurs écartés, comme s'il avait essayé de se

relever sans succès. Le bout de son nez est posé sur le sol et son encolure un peu tordue.
Papattes est étendu juste devant lui. Il lui lèche les naseaux en gémissant, mais le poney ne réagit pas.
— C'est terrible. Il a l'air complètement épuisé.
— Oui, Clara, dit Hugo. Je crois qu'il n'en peut plus. Il arrive à la fin de sa vie.
Liane s'assied tout contre lui ; elle pose le teckel sur ses genoux pour le rassurer et prend la tête de Réglisse-Menthe dans ses bras.
— Appelle le véto, Hugo, s'il te plaît. Je ne veux pas le quitter. Il pourra peut-être lui administrer un remontant, comme la dernière fois.
— OK, j'y cours. Clara, tu peux relâcher les chiens ?
— D'accord !

Après avoir libéré la meute énervée, je retourne près de Liane. Sur ses joues, deux minuscules ruisseaux ont laissé leur trace.
— Excuse-moi, Clara, dit-elle. Je ne supporte pas l'idée de le perdre.
— Allons, allons, s'exclame Hugo qui revient à

grands pas. Pierre sera là dans quelques minutes, il va nous arranger ça.
— Quelques minutes, tu es sûr ? demande Liane. Réglisse-Menthe ne tiendra pas longtemps. Son cœur bat très faiblement.
— J'avais oublié que le véto venait aujourd'hui pour voir le poulain. Il était déjà en route, quand je l'ai eu sur son portable. C'est une chance !
Je croise les doigts. Réglisse-Menthe, c'est le poney d'enfance d'Hugo et Liane. Le seul être qui leur reste, depuis que leur grand-père est mort. Moi, j'ai l'impression de faire partie de leur famille, mais ce n'est pas pareil, je le sais bien.

Tiré d'affaire

Je l'aime bien, le vétérinaire. Il est très sympa : grand, beau et même pas vieux ! Pourtant, les études pour devenir vétérinaire, c'est très long. Chaque fois qu'il vient, il nous parle de vaches, de cochons ou d'autruches. Dans une journée, il voit tellement d'animaux. C'est passionnant.

Après avoir fait une piqûre à Réglisse-Menthe, il se relève. Son visage a retrouvé le sourire qu'il n'avait pas du tout en arrivant.

— Voilà ! Il est reparti pour un tour, notre Réglisse-Menthe. Bon… Je suis content de l'avoir tiré d'affaire. Mais ne nous faisons pas trop d'illusions, c'est un vieux vieux grand-père.

Je le regarde avec insistance.

— Tu vois, petite ! Ce poney, c'est le premier que j'ai monté. J'habitais aussi le village quand j'étais jeune. De temps en temps, Hugo et Liane m'invitaient.

— Ah bon ?

— Pas souvent, parce que nous n'avions pas le même âge. J'étais adolescent, quand ils étaient encore enfants. Je crois bien que c'est Réglisse-Menthe qui m'a donné envie de devenir vétérinaire. Un jour, il s'était pris le pied dans un bout de clôture. Tes amis étaient seuls à la ferme et un peu paniqués. Et puis, ils n'avaient pas suffisamment de force pour arracher son sabot des barbelés qui le coinçaient.

— Normalement, explique Liane, on ne met jamais les chevaux dans un pré fermé par des barbelés, parce que les blessures sont trop graves. Mais

Réglisse-Menthe venait d'arriver et on l'avait installé dans l'ancien parc des vaches.

— Pierre est passé au bon moment, remarque Hugo. Il nous a aidés à le dépêtrer et il a même recousu la plaie.

— Ce n'était pas terriblement bien fait, avoue Pierre, mais on n'avait pas le choix. Il n'y avait pas de vétérinaire dans le coin.

— C'était bien cousu, rétorque Liane. Regarde, Clara, la cicatrice ne forme qu'une ligne minuscule.

— Jamais, je n'aurais pu recoudre un poney, comme ça ! dis-je, pleine d'admiration.

— Ma mère était infirmière. J'étais un peu au courant de ces choses. Comme elle n'était pas là, je suis allé chercher son matériel et je me suis débrouillé.

— C'est un beau métier, vétérinaire.

— Oui ! Mais c'est dur, surtout à la campagne. Tu t'imagines en train de tourner un veau dans le ventre de sa mère pour l'aider à naître ?

J'écarquille les yeux. Et là, il m'achève :

— Il faut très bien travailler à l'école et être très bonne en maths.
— Bof ! Moi, c'est en dessin que je suis la meilleure.
Tout le monde éclate de rire.

— Je parie que tu dessines surtout des chevaux, dit Hugo.
— Exact !
L'atmosphère s'est détendue. Ça fait du bien ! Nous avons eu tellement peur, tout à l'heure !
— Et si on allait voir ce poulain, maintenant, propose Pierre.
— Tu peux l'admirer au pré, approuve Hugo, mais pour l'examiner, je pense qu'on aura intérêt à le rentrer au box.
— C'est un vrai diable, dis-je.
Et je raconte la séance qu'Okelamour nous a offerte.
Le vétérinaire éclate de rire :
— En voici un qui paraît en pleine forme. Rentrez-le à l'écurie, vous avez raison. Pouvez-vous aussi y conduire les deux ponettes pleines ? J'y jetterai un coup d'œil.
C'est moi qui suis chargée d'attraper Pomme d'Api et Java, tandis que Liane et Hugo se bagarrent avec Jade et le poulain.
Pierre ouvre et referme la barrière du pré pour que

je puisse faire passer les ponettes.
— Montez-vous toujours à cheval ?
— Tu peux me dire tu, Clara. Je n'ai plus le temps, maintenant. Mais j'espère m'y remettre un jour. Mon cheval est au pré, à côté de chez moi. Il est en grandes vacances toute l'année.
— Il doit être heureux.
— Non, il s'ennuie. Un cheval n'est pas fait pour vivre seul.
— Quand le poney-club ouvrira, il faudrait le mettre en pension ici, alors. Il aurait de la compagnie.
— Pas bête ! Et ça ferait un client pour Liane et Hugo… Ah ! ah ! Tu sais parler de tes amis…

Après avoir examiné Pomme d'Api et Java, le vétérinaire conclut :
— Je pense que c'est l'alezane qui mettra bas la première. C'est l'affaire de quelques semaines à peine. La noire est moins avancée. Allons voir le poulain.
— Pierre pense que Pomme d'Api poulinera avant

Java, dis-je en arrivant au box de Jade.
— C'est ce que nous croyons aussi, confirme Liane. J'aimerais qu'elles se dépêchent. Je n'en peux plus des nuits passées à faire des rondes. Je voudrais dormir d'une seule traite.
Dans l'écurie, Okelamour se montre beaucoup plus sage que dehors. Il prend les examens du vétérinaire pour de simples papouilles et se laisse manipuler dans tous les sens. Par contre, Jade n'est pas contente qu'on touche à son poulain. Hugo est obligé de la tenir fermement au licol.
— Il est en parfaite santé, votre vif-argent, dit-il. Bon ! Je me sauve. Il me reste encore plusieurs visites. N'hésitez pas à m'appeler pour les juments ou Réglisse-Menthe. Et toi, Clara, si un jour tu as envie de monter mon cheval, ne te gêne pas…
— Je préfère les doubles pour l'instant. Les chevaux, c'est bien trop haut pour moi.

5

Le cadeau de Java

Après l'intervention du vétérinaire, Réglisse-Menthe semble se rétablir. Oh ! Il ne gambade pas avec les autres, mais il marche d'un bon pas de l'écurie jusqu'au pré et il mange avec appétit.
Pomme d'Api, elle, s'arrondit et se traîne. La petite Shetland ne fait que brouter dans un coin du pré toute la journée. Chaque nuit, Liane et Hugo se relaient afin de la surveiller… pour rien.
Java trotte et galope avec les autres poneys quand on les lâche le matin. Elle paraît beaucoup plus en

forme que sa copine.

Maintenant, Okelamour a presque trois semaines. Il a énormément grandi — en taille, pas en sagesse ! Dès qu'il pénètre dans l'enclos, il recommence sa sarabande. Parfois, Liane se cache les yeux quelques secondes :

— Quand je le vois foncer sur la clôture, je sens mon cœur sauter. Je ne peux pas m'empêcher d'avoir peur qu'il se blesse. C'est plus fort que moi.

— Nous, on s'est habitué, dit Hugo. N'est-ce pas Clara ?

— Je galope avec lui dans ma tête. Comme ça, je n'ai pas peur. J'aimerais bien avoir quatre pieds pour faire des cabrioles aussi belles que les siennes.

— Au fait ! coupe Liane. Sais-tu si Lise vient ce week-end ?

Je me renfrogne. Quel besoin a-t-elle de me rappeler que ma demi-sœur débarque samedi ?

— Oui ! Et, en plus, c'est son anniversaire. Pourquoi ?

— Parce que nous avons besoin de nous absenter,

Hugo et moi. Nous voulions vous demander de garder la ferme. C'est possible ?

— Bien sûr ! J'aurais pu le faire, même si j'avais été seule.

— C'est mieux d'être deux, tu ne crois pas ?

— Bof... En tout cas, j'ai cours le matin.

— Je m'en doutais. Nous partirons vers midi. Nous avons rendez-vous à quinze heures à Paris, chez notre notaire. C'est la raison pour laquelle nous sommes obligés d'y aller tous les deux.

— Tu peux compter sur moi et je pense que cela ne posera pas de problème à Lise non plus.

— Je te remercie. Inutile de te préciser que vous confier la ferme est une grande responsabilité. Ce jour-là, il faudra mettre votre jalousie au placard et vous entendre.

Je la regarde droit dans les yeux :

— Je te promets que je ferai le maximum, mais il faudra que tu dises la même chose à Lise.

— OK !

Samedi, je retrouve Maman à la sortie de l'école.
— Dépêchons-nous, dit-elle. Liane et Hugo t'attendent avec Lise pour vous donner les consignes.
— Lise est déjà arrivée ?
— Elle n'avait pas école, ce matin.
— Pourquoi est-elle allée directement au poney-club ?
Ma mère hésite un instant avant de me répondre :
— Un poulain est né cette nuit.
— Pomme d'Api a mis bas ?
— Je ne sais pas chérie. Je ne connais pas les poneys aussi bien que toi. Liane est ennuyée de devoir s'en aller, mais je crois que leur rendez-vous ne peut pas être repoussé à une autre date.
— J'espère seulement que Lise ne va pas me casser les pieds. Comme elle a vu le poulain la première, elle va s'en vanter toute la journée.
— Si tu ne la cherches pas, je pense que tout se passera bien.
— Mouais.
Nous voici devant le portail de la ferme.
Nous avons marché tellement vite…

— Va devant, Chatounette. Je prends ton cartable et vous rapporterai votre pique-nique tout à l'heure.
— Bonjour Clara, dit Liane. Ta mère t'a dit ? Java a pouliné cette nuit.
— Java ?
— Eh oui ! Nous avons surveillé Pomme d'Api pour rien. Au petit matin, lorsque je suis revenue à l'écurie, la surprise m'attendait dans un autre box !
— Les poulains, c'est dingue. Ils ne respectent aucun rendez-vous !
— En tout cas, la pouliche va bien. Elle a déjà tété. J'ai appelé Pierre pour le prévenir, mais il est assez débordé. Il devrait quand même passer en fin d'après-midi. Voici son numéro de téléphone, au cas où il arriverait quelque chose.
Lise traverse la cour à notre rencontre. Son visage rayonne de joie :
— Tu te rends compte, Clara. Java m'a offert un beau cadeau d'anniversaire, en faisant son poulain aujourd'hui.
Pour ne pas inquiéter Liane par une nouvelle

querelle, je me retiens. Que croit-elle donc, Lise, que ce poulain est pour elle ? Comme si Java l'avait fait exprès ! Ça commence bien. Elle a toujours le chic pour m'énerver.

Je ne réponds rien et prends un air sérieux, en me tournant vers Liane :
— Y a-t-il d'autres consignes ? Veux-tu qu'on sorte Jade et Okelamour ?
— C'est fait ! Ils sont au pré. Je pense que nous serons de retour vers...
Liane compte sur ses doigts : quinze heures à Paris,

deux heures d'entretien maximum, trois heures pour rentrer… vers vingt heures ; vingt-et-une heures dernier délai.

— Il fera encore jour.

— Oui. Rentrez le troupeau à l'écurie à dix-neuf heures. Au fait, prévoyez de nourrir Java avant les autres, qu'elle ne s'excite pas. Je viens de lui redonner des granulés et du foin. N'oubliez pas de remettre de l'eau à tout le monde.

— Et les chiens ?

— Je préparerai leur gamelle en rentrant. C'est trop compliqué de les empêcher de voler le dîner du voisin. Nous prenons Tim et Jok. Je vous laisse mon numéro de portable. Ne vous disputez pas. En cas de doute, c'est Clara qui commande, elle a plus l'habitude de la ferme que toi, Lise, bien que tu sois plus âgée. En dernier ressort, allez demander conseil à vos parents. Je compte sur vous ?

— Oui ! répondons-nous d'une seule voix.

— Pour une fois que vous êtes d'accord, s'exclame Hugo, arrivé sur ces entrefaites.

6

Responsables

Au moment où Liane et Hugo quittent la cour, ma mère revient avec notre pique-nique.

— Tenez les filles. Je vous ai préparé ce que vous aimez. Où allez-vous vous installer pour déjeuner ?

— Dehors, propose Lise. Il fait beau. Nous pourrons surveiller l'écurie et le pré.

— Veux-tu voir le poulain ? dis-je. Je n'y suis pas encore allée.

— Deux minutes, alors, répond Maman. Ta grand-mère vient d'appeler. Elle est aux urgences de l'hôpital de Sambre.

— Quelle grand-mère ? demande Lise.

— Ma mère, explique Maman.

— Mamilou s'est blessée ? dis-je, catastrophée.

— Elle pense qu'elle s'est cassé le poignet. Nous allons la rejoindre, votre père et moi.

— Vous ne serez pas à la maison, cet après-midi ? dis-je.

— Ce ne sera pas long.

Leur départ à Sambre me contrarie. La ferme ne semble pas pareille quand Liane et Hugo sont loin. Si en plus mes parents s'absentent... Je secoue la tête pour chasser mon inquiétude :

— Allons voir Java.

À notre arrivée, la pouliche gris foncé est debout. Elle tremble un peu sur ses jambes. En nous voyant, elle titube pour aller se cacher derrière la queue de sa mère. De là, elle nous regarde. Cela lui donne un petit air comique.

— Je la trouve plus belle qu'Okelamour, remarque Lise.

— Tu dis ça parce qu'il a grandi. Ce n'est plus un

nouveau-né.
— Non ! Je t'assure, elle est plus fine. Et cette marque blanche sur son front, on dirait un bijou.
C'est bien Lise. Son « cadeau d'anniversaire » doit être mieux que ce que les autres ont pu avoir avant. J'ai décidé de rester calme. Rien ne me fera changer d'avis.
— C'est une adorable pouliche, conclut Maman, mais Okelamour est aussi une merveille. Je vous laisse. J'espère que tout se passera bien.
— Ne traînez pas en route, dis-je. Parce que, vous, on ne peut pas vous joindre. Vous n'avez pas de portable.
— Tu es inquiète ? demande Maman. Veux-tu qu'un de nous reste avec vous ?
Lise prend un air méprisant.
— Que veux-tu qu'il arrive ? Garder un troupeau de poneys, ce n'est pas la mer à boire.
— Oui, dis-je. Tout ira bien.
Maman nous pose à chacune un baiser sur le front, puis elle nous quitte.
— Si on déjeunait ? propose Lise. J'ai une faim de

loup.
— Moi, pas trop.
Nous nous installons au soleil, devant la porte de l'écurie.
Lise dévore, tandis que je grignote.
— Tu n'as pas l'air dans ton assiette, plaisante ma demi-sœur. Ah ! ah ! dans ton assiette ! C'est drôle, non, quand on ne mange que des sandwichs.
Cela ne me fait pas rire. J'étais très fière d'avoir la responsabilité de la ferme et, là, sans savoir pourquoi, cette journée de garde me paraît, soudain, une charge trop lourde. Peut-être est-ce l'humour de Lise… ou de me trouver seule avec elle.
— Si on montait à poney, cet après-midi ? propose-t-elle soudain.
— Certainement pas. Nous ne sommes pas là pour nous amuser. Si tu veux monter, ce sera demain, quand Liane et Hugo seront revenus.
— Tu es trop timorée, Clara.
Elle prononce ce mot en mâchant bien les syllabes. Les grands mots de Lise !

— Timorée ! Que veux-tu dire ?
— Tu as peur de tout et tu ne fais jamais rien d'interdit. Ce n'est pas drôle de vivre au ralenti, d'obéir au doigt et à l'œil. Mademoiselle parfaite, quoi !
— Je ne suis pas comme ça. Il y a des choses qui me font peur, c'est vrai, mais pas tout, et je n'obéis pas sans cesse comme tu le crois. Aujourd'hui, je me sens responsable. Liane a confiance, je ne peux pas

la trahir.

— Si nous montions toutes les deux, personne ne le saurait.

— La seule fois où je suis montée sans Liane, Apache m'a fait passer un sale quart d'heure. Pas question. Nous avons du travail : préparer l'écurie pour ce soir, remplir les seaux et surveiller le poulain.

— On va se barber.

— Je ne m'ennuie jamais, ici. Regarde : depuis mon opération de l'appendicite, je n'ai pas encore eu le droit de remonter à poney. Ça n'empêche, je viens ici tous les jours. Il y a tout le temps quelque chose à faire et je te jure que je ne me suis pas ennuyée une seule fois.

— Tu es pénible. Avec toi, on ne peut pas s'amuser.

— Rien ne t'oblige à venir à la ferme. Tu peux retourner à la maison. Je me débrouillerai.

J'ai parlé d'une voix un peu sèche et Lise me regarde, interloquée :

— Ce n'est pas ce que je veux. J'aime bien être à la ferme…

— Alors, viens remplir les seaux avec moi.
Je prends le tuyau et Lise m'aide à le tirer d'une stalle à l'autre, puis elle m'ouvre les portes des boxes. Tous les poneys n'ont pas une écurie individuelle. Hugo et Liane ont voulu garder la longue mangeoire où l'on attachait les vaches dans le temps. Ils ont fixé des bat-flanc de bois pour séparer les poneys. Ainsi, on peut en rentrer une dizaine dans la même partie de l'écurie. Pour l'instant, il reste pas mal de stalles vides !
Nous terminons par le box de Java où la pouliche s'est endormie entre les pieds de sa mère.
— Moi aussi, je vais faire une petite sieste dans la paille, dit Lise. Ça m'a fatiguée cette corvée.
Elle est un peu fainéante, ma demi-sœur !
— Je range le tuyau et je fais un tour jusqu'au pré.
— D'accord, répond-elle en bâillant.

7

Alerte

Dehors, il fait super beau. Avant de rembobiner le tuyau, je vérifie que les abreuvoirs sont pleins. Il n'y a que celui de Bug's et Bunny qui n'est pas à ras bord, mais le tuyau ne va pas jusque-là.

Je vais chercher deux seaux dans la graineterie et les remplis au robinet, puis je les porte à bout de bras.

C'est atrocement lourd deux seaux de dix litres et, à chaque pas, l'eau m'éclabousse les mollets. Je suis obligée de m'arrêter au moins quinze fois avant d'arriver dans leur pré. Sincèrement, avec tout ce que j'ai perdu en route, je ne sais pas si ça valait le coup de tenter une pareille expédition ! Je serais bien incapable de recommencer. Et Lise qui se repose...

Au retour, je m'accoude sur la barrière du pré. Sable d'Or vient quémander une caresse et je me glisse près de lui. J'en profite pour me livrer à une petite inspection.

Réglisse-Menthe dort, debout à l'ombre d'un arbre, Papattes à ses pieds. Pomme d'Api s'est couchée dans l'herbe et les autres broutent.

Dans l'enclos, Okelamour tète sa mère en lui donnant de grands coups dans les mamelles comme une vraie petite brute. Poilu, Rond et Picard sommeillent le long du mur de l'écurie.

En dehors du poulain glouton et de quelques mouches qui dansent dans le soleil, c'est le calme plat !

Je rejoins Lise dans l'écurie. Là, rien ne bouge non plus : Java, la pouliche, et Lise se font concurrence à celle qui ronflera le plus fort.

Je m'assieds sans bruit et rêve en contemplant la fille de Java, avec son adorable étoile blanche sur ses poils presque noirs. Les deux ponettes noires ont eu des poulains aussi sombres qu'elles ; je me demande comment sera le petit de Pomme d'Api.

Soudain, je sursaute. Quelqu'un gratte à la porte du box en gémissant. Je jette un œil à ma montre : quatre heures. J'ai dû m'endormir aussi.

Je me lève d'un bond. Lise grommelle dans son sommeil et se retourne dans la paille. Je sors du box et trouve un Papattes hyper énervé qui se dresse le long de mes jambes en jappant, puis file vers la porte sur ses petites pattes et recommence son manège.

— Lise, dis-je. Réveille-toi. Je crois qu'il se passe quelque chose.

Nous sortons de l'écurie ensemble, Papattes nous précédant au galop. Il file à toute allure sous la barrière et se précipite vers Réglisse-Menthe.

Nous le suivons aussi vite que nous pouvons. Le Pottok est affalé de tout son long, les jambes raides, et animé de soubresauts.

Je me penche vers lui.

— Il rêve, tu crois ? demande Lise.

— Je ne pense pas. Papattes est venu nous prévenir.

Si son copain rêvait, il serait resté près de lui. Il bave. On dirait qu'il a du mal à respirer.

— Il faudrait peut-être appeler le vétérinaire ?

suggère Lise.
— Tu préfères soutenir la tête de Réglisse-Menthe ou filer dans la cuisine pour appeler Pierre ?
Les yeux écarquillés de peur, Lise balbutie :
— Je ne sais pas. C'est qui ce Pierre ? Je ne le connais pas.
— Je vais m'occuper de Réglisse-Menthe Peux-tu aller chercher le téléphone sans fil et le papier que Liane a laissé dans la cuisine ? Ensuite, va voir si Papa et Maman sont rentrés. Fais vite, je t'en supplie.
Lise, complètement affolée, saute d'un pied sur l'autre. Finalement, elle se décide.
Je m'assieds près de la tête du poney et attire Papattes contre moi, afin qu'il arrête de geindre. Je saisis la tête de Réglisse-Menthe dans mes bras et je parle, je parle, pour qu'il ne se sente pas seul.
Lise revient avec le téléphone. Elle compose le numéro en s'y reprenant au moins à trois fois, puis me passe le combiné.
— Allo, Pierre ? C'est Clara. Réglisse-Menthe a un malaise. Il est encore pire que la dernière fois. Oui ?

Ah ! Dépêchez … euh ! Dépêche-toi, je t'en prie.
Je raccroche :
— Il finit de recoudre un âne qui s'est blessé et il arrive… Pourvu qu'il ne traîne pas trop. Lise, tu peux aller à la maison maintenant ?
L'absence de ma demi-sœur me paraît interminable. Le poney halète entre mes bras. J'ai mal aux épaules, au dos et même aux fesses. Je ne suis pas très bien installée et sa tête est si lourde… Je n'ose pas bouger et je continue à lui raconter des histoires de petits poulains qui galopent dans l'herbe tendre et ne deviendront jamais vieux.
Lise revient, enfin :
— Ils ne sont pas rentrés. Il va mieux ? Dis-moi qu'il va mieux.
— Non, c'est de pire en pire. Et moi, je n'en peux plus. J'ai tout le corps qui me brûle de me tenir comme ça.
Lise se met à pleurer à petits sanglots :
— Que va-t-on faire si le vétérinaire ne vient pas ?
— Je ne sais pas. Ne pleure pas ou je vais pleurer aussi. Essaie d'appeler Liane. Elle aura peut-être une idée.

Lise ravale ses larmes et compose le numéro du portable.

Je la fixe intensément.

— C'est le répondeur, dit-elle. Je laisse un message ?

— Non ! Raccroche. Ce n'est pas la peine de les inquiéter. J'aurais voulu qu'ils nous donnent un conseil. Je n'en peux plus. Lise, je vais le lâcher.

— Attends, je vais m'asseoir derrière toi. Ça te fera un dossier.
Elle plaque son dos contre le mien. Aussitôt, cela me soulage un peu. Son appui repose mes muscles et je me sens moins terrifiée. À deux, on est plus fort.

8

Premier et dernier souffles

Nous guettons les bruits de voitures dans la rue, de l'autre côté du mur. Mais il n'y a pas beaucoup de passage dans notre village et aucune ne ralentit à hauteur de la ferme ou de notre maison.

Réglisse-Menthe râle maintenant. Un peu d'écume sort de ses naseaux. Son vieux corps usé tressaille de plus en plus faiblement.

Les poneys font cercle autour de nous. Dans l'enclos, Okelamour s'est tourné vers la clôture et il nous observe. Au loin, Bug's et Bunny nous regardent aussi. Poilu, Rond et Picard se sont approchés. Les animaux devinent-ils quand l'un d'entre eux ne va pas bien ?

Lise sanglote à petits coups et des larmes coulent sur mes joues. Je ne peux rien faire pour les sécher et elles ruissellent sur mon nez qui coule autant que mes yeux. Je m'en fiche, même si ça me chatouille un peu. Je continue de parler à voix égale.

Tout à coup, Réglisse-Menthe pousse un grand soupir et son corps a un sursaut un peu fort. Durant quelques secondes, c'est le silence total. Puis Papattes pousse un petit cri et se met à hurler comme un loup.

— Que se passe-t-il ? demande Lise.

— Je crois qu'il est mort.

— Ah non ! pas ça. Tu parles d'un anniversaire !

— Viens m'aider, sa tête est encore plus lourde, maintenant.

À nous deux, nous parvenons à soulever la tête du poney suffisamment, pour que je parvienne à me dégager. Je prends Papattes et lui ferme la gueule

avec ma main :
— Arrête, Papattes. C'est horrible ton cri.
À ce moment-là, Lise m'entoure de ses bras :
— Tu sais, Clara, en fait, je t'aime bien, comme sœur.
— Moi aussi.
— Et puis, il faudrait qu'on arrête de se disputer tout le temps, parce qu'on est là toutes les deux et que c'est idiot de se faire du mal exprès quand il y a des choses tellement horribles.

Lise regarde Réglisse-Menthe par terre et on se met à pleurer dans les bras l'une de l'autre en serrant Papattes entre nous à l'étouffer.

Le portail grince. Les trois chiens aboient en courant au devant de l'intrus.

— Pierre !

— Me voilà !

Le vétérinaire passe la clôture.

— Je suis désolé, les filles, je vois que j'arrive trop tard.

Et il nous serre à son tour, sort un grand mouchoir de sa poche et nous essuie les joues.

Puis il se penche vers le poney :

— C'était son heure, dit-il. Pas de chance que vous ayez été toutes seules avec lui. Mais c'est la vie. Tant mieux pour Liane, elle n'aurait pas supporté qu'il s'écroule sur ses genoux.

Pierre se redresse, s'apprête à nous reprendre dans ses bras, quand il s'exclame :

— Tiens ! Regardez Pomme d'Api.

— Qu'y a-t-il ? demande Lise.

— Qu'est-ce qui pend sous sa queue ? dis-je.

— Elle est en train de faire son poulain. Lise, ouvre-moi le portail en grand. Il faut que je rentre ma voiture. Clara, va chercher des ballots de paille

pour former un cercle autour d'elle ! Non, attends ! Je vais t'aider, c'est trop lourd pour toi.
— Ça va aller.
Je pose Papattes et nous nous précipitons tous les trois. Pierre gare sa voiture face au pré et Lise me rejoint pour décharger la première brouette avec moi.
Comme nous avons du mal à charrier la brouette, Pierre s'y met aussi. Nous formons un cercle de ballots autour de la ponette et le vétérinaire en éclate un pour former une épaisse litière.
Pomme d'Api se couche sur la paille puis se relève. Elle transpire et son flanc se creuse.
— Ce qu'on voit, explique Pierre, en enfilant des gants, ce sont les deux sabots des antérieurs. Ils sont encore enveloppés par le sac fœtal. La ponette pousse pour sortir la tête. C'est le plus dur. Quand ce sera passé, le reste suivra facilement.
Pomme d'Api tourne en rond. Elle gratte le sol, puis s'allonge de nouveau.
— Clara, dit Pierre, peux-tu aller récupérer le teckel ? Ça énerve tout le monde de l'entendre pleurer

comme ça.

Je sursaute. Moi, je ne l'entendais même plus. Pauvre Papattes.

Lise le ramène déjà dans ses bras. Elle s'assied sur un ballot, le câline pour qu'il se calme.

Pierre semble soucieux :
— Elle a du mal, je vais l'aider. Clara, mets-toi près de sa tête.
Pour la deuxième fois en à peine une heure, je tiens la tête d'un poney et parle à voix douce.
Pierre dégage les sabots du poulain de leur enveloppe gluante et se met à tirer doucement, au rythme des contractions de la ponette.
— Ça y est ! s'exclame-t-il. La tête est passée. Encore un petit effort, ma belle, et tu seras délivrée.
Pomme d'Api est fatiguée. Elle respire difficilement. J'ai peur qu'elle ne fasse le même coup que Réglisse-Menthe. Heureusement, elle reprend un peu de forces et expulse le corps du poulain.
— Maintenant, tu peux souffler, petite mère, dit Pierre. Je m'occupe du reste.
Il dégage les naseaux et débarrasse le poulain des membranes qui l'entourent.

9

Confidences

— C'est un peu dégoûtant toutes ces peaux autour du poulain, dit Lise, mais en même temps, c'est beau. Papattes ! Reviens ici, tout de suite.

Le teckel s'est échappé de ses bras et il est venu se coller contre le vétérinaire. Il se met à lécher consciencieusement le poulain, comme s'il voulait aider Pierre.

— Que viens-tu faire là, le chien ? demande celui-ci. Tu te prends pour une jument ?

— Tu sais, dis-je. Il ne pouvait pas vivre sans

Réglisse-Menthe. Alors, peut-être qu'en faisant ça, c'est comme s'il lui avait trouvé un remplaçant.
— Une remplaçante, rectifie Pierre. Quand même, je ne sais pas si la mère va être d'accord.
— Eh ! Pomme d'Api essaie de se lever !
— Laisse-la faire. C'est ce qui lui permettra de couper le cordon ombilical. La nature a prévu ça de cette manière.
— Ah bon !

Pomme d'Api se tourne pour regarder son petit et fait quelques pas vers lui. Comme l'a expliqué Pierre, ce simple mouvement suffit à couper le cordon qui relie encore le poulain à sa mère. Elle le renifle et envoie une légère bourrade à Papattes toujours très occupé à lécher le nouveau-né.
— Elle a l'air d'accord pour partager sa fille avec Papattes, constate Lise.
Pierre poursuit son travail auprès de la pouliche et de sa mère. Lise et moi, nous n'avons plus de forces, les jambes coupées par trop d'émotions. Nous sommes juste capables de rester assises sur

nos ballots de paille, à admirer la petite peluche beige toute mouillée qui commence à peine à dresser sa tête.

— Ça fait trop pour une seule journée, dit Lise. Je n'en peux plus.

— Vous vous rendez compte, répond Pierre. Deux naissances pour compenser le départ d'un sage, c'est merveilleux !

— Pourquoi dis-tu que c'est un sage ? demande Lise qui n'a pas hésité à le tutoyer du premier coup.

Pierre s'assied près de nous :

— Quand Hugo et Liane étaient petits, leurs parents sont morts dans un accident. Cela s'est produit une semaine où ils étaient ici, en vacances chez leur grand-père. Lui, c'était déjà un vieux bonhomme et il vivait seul dans la ferme. Il n'a pas eu le courage de leur dire ce qui était arrivé. Mais, quand l'école a repris, il a bien fallu qu'il leur explique le drame. Les enfants ne comprenaient pas pourquoi leurs parents ne venaient pas les chercher.

— Quel âge avaient-ils, Liane et Hugo ? coupe Lise.

— Liane avait dix ans, et Hugo, huit.
— Comme nous, soupire Lise.
— Ils en ont beaucoup voulu à leur grand-père de ne pas avoir appris la vérité tout de suite. Liane a décidé de ne plus parler à personne et Hugo s'est mis à faire les pires bêtises. Le pauvre homme ne s'en sortait pas. Il était complètement désespéré.
— J'imagine, dis-je.
— Un jour, il a découvert que Liane ne parlait qu'à Réglisse-Menthe, qui vivait dans un pré, à quelques maisons de la ferme. Le poney n'était pas très bien soigné par ses maîtres et le grand-père a décidé de l'acheter.
— Et alors ? demande Lise.
— Dès que Réglisse-Menthe est arrivé, Liane a retrouvé goût à la vie. Pour Hugo, ça a été plus long. Il continuait ses âneries. C'est le poney qui l'a calmé peu à peu. Réglisse-Menthe se comportait comme une mère avec Hugo. C'était incroyable à voir. Tantôt il faisait des câlins au garçon, tantôt il le punissait.
— Comment le punissait-il ? dis-je.

— Un petit coup de dent par-ci, un petit coup de pied par-là, dès qu'Hugo faisait le fou. On voyait bien que le poney ne cherchait pas à lui faire mal, mais à lui apprendre les bonnes manières.

— C'est génial, remarque Lise.

— Réglisse-Menthe n'était vraiment pas un poney ordinaire. On aurait dit qu'il possédait toute la sagesse du monde. C'est lui qui a élevé les enfants, plus encore que le grand-père.

— Je comprends pourquoi Liane pleurait à l'idée de le perdre.

— Quand le grand-père est mort, Liane et Hugo avaient seize et quatorze ans. Ils ont été placés dans une famille d'accueil. Ces gens étaient très gentils, mais ils habitaient en ville. Pas question de prendre Réglisse-Menthe avec eux.

— Hugo et Liane ont dû être malheureux… soupire Lise.

— J'avais trouvé un club dans la région pour placer le poney. Il était bien soigné et on lui confiait les débutants, malgré sa grande taille. C'est là qu'il a fait la connaissance de Papattes. Grâce à leur famille d'accueil, Hugo et Liane ont pu continuer à monter à cheval. De temps en temps, j'allais les chercher et les amenais au club. Réglisse-Menthe les reconnaissait tout de suite.

— Ils devaient se faire de gros câlins, dis-je.

— Ça oui ! Quand Liane a été majeure, elle s'est fait embaucher dans un club où elle a passé son monitorat d'équitation.

— Et Hugo ? demande Lise.

— Il a recommencé ses sottises...

— Et alors, ils ne les voient plus ces gens-là ?

— Pas trop. Hugo a enchaîné les bêtises et la famille a préféré couper les ponts.

— Ça alors ! Jamais je n'aurais imaginé Hugo en train de faire des bêtises ! dis-je.

Pierre met un doigt sur ses lèvres :

— Chut ! je vous ai raconté des secrets. Hugo a vieilli. Il n'a plus rien à voir avec l'adolescent bourré de problèmes qu'il était. Ça arrive parfois aux garçons de se comporter comme des chevaux sauvages.

— Jamais aux filles ! affirme Lise.

Je la regarde en souriant et Pierre pose la main sur son genou.

— Jamais aux filles, confirme-t-il. Regardez Liane… Quand ils sont devenus adultes, ils ont réussi à récupérer la ferme du grand-père et Réglisse-Menthe.

— Et Papattes a suivi le poney, dis-je. Liane m'a raconté qu'ils étaient devenus inséparables.

— Eh oui ! conclut Pierre.

La vie continue

— Hé les filles ! s'exclame soudain le vétérinaire. Vous avez vu l'heure ?
— Sept heures ! dis-je.
— Il serait temps qu'on se remette au travail, remarque Lise. Il faut nourrir et rentrer le troupeau...
— Et pailler un box pour Pomme d'Api et son poulain, ajoute Pierre.
Pendant qu'il dissimule le corps de Réglisse-Menthe sous une bâche, nous filons dans la

graineterie préparer les rations. Je porte celle de Java en premier :

— Excuse-nous, petite mère, nous t'avons abandonnée avec ton bébé, mais nous avions vraiment beaucoup de soucis.

À ma vue, la pouliche se dresse sur ses jambes et se réfugie sous la queue de sa mère. Son attitude ne ressemble vraiment pas à celle d'Okelamour à sa naissance. Lui, il se précipitait déjà vers les visiteurs.

Java se jette sur sa mangeoire et la pouliche marche en crabe pour rester cachée.

Pendant ce temps, Lise a distribué les rations de granulés. Je me dépêche de disposer le foin dans les râteliers.

Dehors, c'est une vraie fanfare. Les poneys hennissent à qui mieux mieux.

— Je crois que nous avons intérêt à rentrer Jade et Okelamour avant les autres, dis-je.

— C'est une bonne idée, approuve Pierre.

Pour une fois, le poulain est aussi pressé de gagner l'écurie que sa mère.

Dès qu'ils sont à l'abri dans leur box, Lise porte un peu de granulés à Pomme d'Api, pour la maintenir dans son rond de paille et j'ouvre grand la clôture du pré.
Sable d'Or, Apache, Carton et Crevette traversent la cour au grand trot. Nous accrochons les longes de chacun et partons chercher Bug's et Bunny.

Quand nous sommes de retour avec les chevaux, nous trouvons Pierre en grande conversation avec notre père.
C'est à peine si nous prenons le temps d'attacher les chevaux devant leur mangeoire, avant de revenir lui sauter au cou.

Finalement, dans les coups durs, un père ça peut se partager en deux. Nous nous enroulons chacune dans un de ses bras et nous collons tout contre lui.
— Désolé d'interrompre ce charmant épisode familial, dit Pierre, mais que faisons-nous du poney ?
— Laissons Hugo et Liane en décider, répond Papa. Nous agirons en fonction de leur souhait.
— Moi, je boirais bien un petit café pour me requinquer, avoue Pierre. Les filles, savez-vous faire du café ?
— Bien sûr ! dit Lise, mais chez Liane, je ne sais pas où sont rangées les choses.
— Moi, je sais ! dis-je. Viens, on va le préparer ensemble.
Tandis que nous nous éloignons vers la cuisine, j'entends Pierre dire :
— C'est merveilleux d'avoir des enfants qui s'entendent aussi bien.
Je me retourne une seconde pour savourer l'air ébahi de Papa :
— Voulez-vous la vérité ? demande-t-il. C'est bien

la première fois qu'elles sont d'accord sur quelque chose.
J'imagine que le visage de Pierre doit montrer autant d'étonnement que celui de mon père il y a un instant, mais Lise me tire vers la cuisine :
— Laisse dire ! ordonne-t-elle. Ça les occupe.

Tandis que le café passe avec un doux chuintement, Pierre et Papa préparent le box de Pomme d'Api. Chacun son tour de remuer des ballots de paille !
Papa et Pierre glissent la pouliche sur un grand linge et la portent à deux, pendant que nous menons Pomme d'Api par son licol. Même si nous sommes épuisées, c'est un plaisir !
Au moment de quitter le box, un problème se pose : Papattes ne veut pas sortir. Nous sommes obligés de le prendre dans nos bras et de le ramener de force dans la cuisine.

— Il n'y a plus qu'à attendre le retour des jeunes, constate Papa en sirotant son café.

— Ils ne devraient plus tarder, dis-je. Il est déjà huit heures et demie. Et Mamilou, au fait, elle est toujours à l'hôpital ?
— Non, nous l'avons ramenée à la maison. Elle s'est cassé le poignet droit. Nous allons la garder quelque temps avec nous. Hermeline est en train de préparer ton repas d'anniversaire, Lise. Docteur, voulez-vous rester avec nous ?
— Appelez-moi Pierre ! Ce n'est peut-être pas raisonnable… En même temps, il ne faut pas laisser Liane et Hugo seuls avec leur chagrin. Plus nous serons nombreux, mieux ce sera.
— Excellente idée ! reprend Papa. Nous allons souper avec eux. Nous pourrions dresser une grande table dehors, derrière l'écurie…
— On s'en charge, dit Pierre.
Papa va aider Maman à compléter le dîner, pendant que nous installons une planche sur des tréteaux et rassemblons tous les sièges que nous pouvons trouver.

Nous avons à peine terminé nos préparatifs que la

voiture de la ferme s'encadre dans le portail ouvert. Pierre et la famille au grand complet se précipitent à la rencontre de Liane et Hugo, afin qu'ils voient la tablée avant de regarder vers le pré.

— Que fêtons-nous ? demande Hugo.

— L'anniversaire de Lise, répond Papa.

— Et aussi une bonne et une mauvaise nouvelles, ajoute Pierre.

— Soyons optimistes ! déclare Hugo. Commencez par la bonne.

— Pomme d'Api a mis bas cet après-midi, s'exclame Lise.

— Et la mauvaise ? demande Liane, en se tournant vers le pré, l'air soucieux.

— Réglisse-Menthe s'est endormi dans nos bras, dis-je.

Au lieu de courir vers le grand corps qu'elle devine maintenant dans le pré, Liane nous serre contre elle, les yeux brillants :

— Oh, mes chéries. Je suis tellement désolée de vous avoir imposé ça. J'espère que vous me pardonnerez.

— Ce n'est pas grave, dit Lise. Il n'était pas seul, comme ça. Viens voir la pouliche.

— De quelle couleur est-elle, celle-là ? demande Hugo en reniflant comme un enfant.

— Quand elle est née, répond Pierre, elle était beige. En séchant, elle s'est éclaircie.

— Elle est devenue crème, conclut Lise en entrant dans l'écurie. Regardez comme elle est jolie.

Hugo prend Liane par la taille :

— Tu sais, sœurette, on s'en fiche que les noms des poulains nés cette année doivent commencer par un o. On pourrait appeler la noire, Réglisse et la crème, Menthe. Non ?

Liane essuie ses joues :

— C'est une bonne idée. Notre Pottok restera plus longtemps avec nous.

— Longue vie à Réglisse et à Menthe, s'exclame Papa.

— Et vive les dix ans de Lise ! ajoute Mamilou.

L'auteur, Mireille Mirej

« Tous les sujets m'intéressent : les enfants, les animaux, les soucis ou les bonheurs de la vie... J'ai quand même un faible pour les chevaux - et les poneys ! D'ailleurs, ils me portent chance, puisque mon premier livre, *Un cheval de prix*, parlait déjà d'eux. En général, j'écris la nuit. Et je vais me coucher lorsque les oiseaux commencent à chanter. Le jour, je vais souvent rencontrer des enfants dans leur classe. J'aime leur donner envie de lire et d'écrire pour apprendre et rêver. Partager mes passions, pour moi, c'est le plus important. »

L'illustrateur, Bruno Pilorget

L'illustrateur est né en 1957 à Vannes. Après deux ans passés à étudier aux Beaux arts de Lorient, il se lance dans l'illustration. Il débute pour Gallimard en 1982. Depuis il a illustré de nombreux romans, contes ou albums chez différents éditeurs. Il a vécu douze ans à Paris, puis est parti vivre avec sa femme, auteur-illustratrice, et ses deux garçons, près de la mer du golfe du Morbihan, à Arradon.

Table des matières

Dans la même collection

Les nouveaux poneys

Clara aide ses nouveaux voisins à installer leur poney-club dès qu'elle a du temps libre. Ce matin, elle accompagne Liane et Hugo à une vente de poneys. Quel bonheur pour Clara de passer la journée avec ses amis et de voir tant de poneys !

La naissance du poulain

Une grande nouvelle attend Clara à sa sortie de l'école : les trois ponettes Shetland du poney-club d'Hugo et Liane attendent des petits ! Il faut tout préparer pour leur arrivée. Clara est si impatiente de voir les poulains !

Cet
ouvrage
a été achevé d'imprimer
sur les presses de l'imprimerie
Liberdúplex
en juin 2004